| 허홍구 시인의 말꽃 묶음 |

사랑하는 영혼은 행복합니다

북랜드

국립중앙도서관 출판시도서목록(CIP)

사랑하는 영혼은 행복합니다 : 허홍구 시집 / 글쓴이: 허홍구. — 서울
: 북랜드, 2019
　　p.144 ; 13×21cm
ISBN　978-89-7787-874-7　03810 : ₩10000
한국 현대시[韓國現代詩]
811.7-KDC6
895.715-DDC23　　　　　　　　　　　　　　　　　CIP2019025642

책머리에

젊은 날의 내 가슴만큼이나 뜨거운 여름이 왔습니다
절절한 사랑 아니었으면 무슨 의미로 살았을까?

시집 제목은 제가 이 세상에 남기고 싶은 말입니다

사랑하는 영혼은 행복합니다

2019년 7월 빙그레 허홍구

차례

- 책머리에 ____ 5

- 11   강원도
- 12   거미
- 13   거울 앞에 서서
- 14   권녕하
- 15   권순진
- 16   그 사람
- 17   그게 뭔지 알았으니
- 18   그대. 1
- 19   그대. 2
- 20   그대. 3
- 21   그대. 4
- 22   그대 자유로 가라
- 23   그때는
- 24   길상화 보살
- 25   김상진
- 26   김석환
- 27   김선주
- 28   김성수

까닭	29 ·
꽃씨	30 ·
꿈같은 꿈을 꾼다	31 ·
나의 길	32 ·
나이 일흔	33 ·
나이를 먹어보니	34 ·
나 이렇게 살다 가더라도	35 ·
너에게 가는 길	36 ·
노년	37 ·
노무현	38 ·
노인과 꽃	39 ·
누구를 탓하랴	40 ·
눈 오는 밤	41 ·
눈꽃	42 ·
눈물	43 ·
눈물도 기쁨 되게 손잡고 갑시다	44 ·
늑대야 늑대야	46 ·
담배	47 ·
담장 너머 사랑	48 ·
담장을 허물고	49 ·
당신은 그 입 다물라	50 ·
대광리	51 ·
도반	52 ·

- 53 동촌역
- 54 둥 둥 둥, 북소리 울린다
- 55 들꽃시인
- 56 따뜻한 밥
- 57 또 다른 이름 빙그레
- 58 멋진 그대여
- 59 목숨의 길
- 60 무서운 사람들
- 61 뭐가 이렇노
- 62 미소법문
- 64 문일석
- 65 박명칠
- 66 박인현
- 67 박춘근
- 68 박항서
- 69 방종현
- 70 배설
- 71 변세화 시인의 영전에
- 72 보청기
- 73 봄
- 74 불
- 75 불꽃

비무장지대	76 ·
빛나는 시인	77 ·
빠르다	78 ·
사람의 밥이 되어	79 ·
사랑아	80 ·
사랑하라	81 ·
산	82 ·
산을 넘는 길	83 ·
새날을 열어가자	84 ·
선택	86 ·
소가 비웃고 있다	87 ·
손발 맞추기	88 ·
송월주	89 ·
송종의	90 ·
수염	91 ·
순하게 살았으니	92 ·
쉰, 절정이로구나	93 ·
식탐	94 ·
아깝고 안타깝고 불쌍하다	95 ·
아지매는 할매 되고	96 ·
아직도 내 얼굴은 붉다	97 ·
알림 (빗자루를 찾습니다)	98 ·
어머니	99 ·

- 100 어머니가 오신다면
- 101 어머니의 기도문
- 102 얼굴 없는 천사
- 103 오래전 그곳으로
- 104 우리는 부고장을 보내지 말자
- 105 우리들의 껍데기
- 106 울어야 할 때다
- 107 위대한 품
- 108 윤구병
- 110 이준희
- 111 이상화(꿈꾸던 애국 시인)
- 112 이장희
- 113 이창년
- 114 임시 계약직
- 115 입춘
- 116 자화상
- 117 작은 고개, 큰 고개
- 118 잡초
- 119 저승
- 120 전태일
- 121 정영해
- 122 지옥

차마 울지 못하네	123
채송화	124
최고의 맛	125
풀	126
하나 되는 길이더라	127
하늘로 흐르는 강	128
한승욱	129
혼자 떠나는 여행	130
환생	131
활화산	132

시인 허홍구를 말한다

시인 허홍구를 말한다 ǀ 권천학	134
허홍구 시인 ǀ 김기원	136
친구 허홍구 ǀ 손영일	137
허홍구 시인 ǀ 임솔내	138
내가 아는 시인 허홍구 ǀ 이윤옥	139
시인 허홍구 ǀ 김구부	140
덧붙이는 글	141

강원도

산과 구름, 하늘과 땅이 어울려 물결치는 곳
골짝 골짝으로 굽이굽이 휘돌아 흐르는 계곡
오시라 오시라 손짓하지 않아도 찾아가는 곳

금강산 향로봉 설악산 오대산 황병산 석병산
두타산 가리왕산 함백산 태백산 민둥산 치악산

봉정암 백담사 월정사 정암사 법흥사 신흥사
사시사철 우리를 어루만져 품어주는 산과 절卍

진부령 미시령 한계령 구룡령 대관령 백봉령
저 고개 너머 그대 품속에 내 몸 맡겨두고
바람처럼 햇살처럼 없는 듯이 살고 싶네

눈 감으면 보이는 얼굴 그리운 산이여 강이여.

거미

없는 듯 있는 거미의 그물망
최고의 기술자가 만든 생무덤이다

뛰어난 기술을 가지고도
저놈들 참 치사하게 산다

꼭 찍어 말하기는 그렇지만
아직도 생사람 잡는 거미 같은
비슷한 일들이 있는 모양이다

정신 똑바로 차리고 살아야 한다.

거울 앞에 서서

치장하고 모양을 내다가 소스라치게 놀란다

저기 저 거울 속에 시시때때로 변덕을 부리는 놈
나도 모르는 사이 또 언제 등 뒤에서 나타나
빼꼼히 얼굴을 내밀고 있는 저 도둑놈 얼굴의 나
호시탐탐 기회가 되면 꽃밭으로 뛰어드는 저 불한당

거울을 볼 때마다 문득 문득 나타나서
또 나를 놀라게 하는 더럽고 치사한 내가 무섭다

얼마나 더 늙고 병들어야 저 욕심 놓아 버릴까.

권녕하*

어느 곳을 거쳐 왔는지는 아무런 의미가 없다
위에도 있었고 아래에도 있었던 이름 강이다
어느 방향이라도 망설이지 않고 굽이 굽이쳐 흘렀다

이제 한 줄기 물길을 이루어 더 큰 바다를 향한다
서울의 젖줄이요 폐허에서 일어선 기적의 이름 한강
그 <한강문학>의 제호를 가진 문학전문지의 발행인

여러 갈래의 물길을 하나로 모아 바다에 이르고자
힘써 아우르고 쉼 없이 나아가는 길라잡이 시인이다

시원한 도랑 가에 앉아 허리띠 풀어놓고 대작하고 싶다
우리들 꾸겨진 사연 풀어놓으면 그 또한 한강이 되리니.

* 시인 (한강문학 발행인)

권순진[*]

소설가이자 음식 여행가인 백파 홍승유 선생은
전국을 돌아다니며 맛있는 음식과 식당을 찾아내어
신문 독자들에게 그 음식을 맛깔스럽게 소개함으로
후미진 골목에 있는 식당을 일약 대박집으로 만들었다

권순진 시인은 대구일보에 자신의 이름을 걸고
<권순진의 맛있게 읽는 시>를 10년째 연재를 한다
맛있고 재미나는 시를 찾아 입맛 돋우는 양념으로
신문 독자들에게 웃음과 눈물과 희망을 선사한다

누구나가 듣고 읽으면 고개를 끄덕일 수 있는 시
어둡고 텅 빈 맘을 환하게 비춰주는 햇살 같은 시
피곤하고 지친 이들의 가슴에 빛이 되고 희망이 되게
그는 오늘도 맛있는 시를 골라 포장하고 있을 것이다

기회가 되면 종로 광장시장 내 단골집으로 초대하여
곱게 포장해 둔 맛있는 시를 들으며 취하고 싶다.

* 시인, 대구일보 객원 논설위원

그 사람*

급하다고- 꼭, 갚겠다고- 날 못 믿으시냐고-
그래서 가져간 내 돈 이천만 원
자식들에게도 내가 돈이 어딨노 했고
마누라도 모르는 내 쌈짓돈
친구가 한 달만 빌리자 해도 단호히 거절했던 돈
그 돈 그만 떼이고 말았다

애타게 찾던 그 사람 몇 개월 만에 전화가 왔다
제가 그 돈은 꼭 갚아야 한다며
은행통장 번호를 알려 달란다
고맙고 고맙다며 감격하여 전화를 받았다

자기 식당 말아먹고 남의 집에서
하루 일당 5만원을 받아 어떤 날은 3만원을
또 어떤 날은 2만원을 통장으로 넣어준다

오늘도 그 사람 행방은 모르고 눈물 3만원어치를 받았다
기쁨도 3만원어치 받았다 돈보다 귀한 눈물을 받았다
내게 그 눈물은 행복이다 나도 눈물 3만원어치를 보낸다.

  * 식당을 경영하다 망한 업주

그게 뭔지 알았으니

어미 되고 아비 되면 다 아는 것
넘어지고 배고파 보면 다 아는 것
늙고 병들어 보면 다 아는 것

더는 가질 것도 잃을 것도 없을 때
저승사자가 와도 무서울 것 없을 때
나 바람처럼 햇살처럼 오고 갈 것이다

언제일지는 몰라도 여기 머물 때까지는

혼자서도 부끄러워 얼굴을 붉히면서-
천 번 만 번 고마워하면서-
가진 것 나누어가면서-
눈물 나게 사랑하면서-
빙그레 미소를 남기고자 하는 것이지요.

그대. 1

손을 아니 잡아도

팔이 저려옵니다.

그대. 2

차마 꺾지 못하는

내 맘속에

마지막 꽃 한 송이.

그대. 3

밥이다
에너지다

끝이 있는 길을
끝없이 살게 하는.

그대. 4

다시 시작할 것이다
똑바로 걸어갈 것이다
땅에서 하늘까지

눈 감고 손 놓아도
같은 걸음으로 갈 것이다
이승에서 저승까지.

그대 자유로 가라
－ 유명 인사들의 자살을 보고

죽은 생명도
싱싱하게 살아온다는 이 봄날
저만 혼자 떠나야 하는
그 아픈 사연이 무엇인가

목숨을 함부로 한 죗값은
내 따질 일이 아니나
부디 이승에서 그대를 옭아맨
그 끄나풀을 풀고 가시라

봄날의 이 따사로운 햇살처럼 가시라.

그때는

어둠 걷히고
묶인 사슬 풀리는 날
나 바람으로 가리라
산과 들과 바다로

설혹 그때 그대가
이승의 밖에 있다 해도
기어이 그대 곁으로 가리라
거침없이 거침이 없이

내 그렇게 하여
또 한 생을 시작하리라.

길상화吉祥花 보살

부모로부터 받은 이름은 (김영한)이고
16세에 진향이라는 이름을 받아 기생이 되었다
백석 시인으로부터는 자야子夜라는 아명으로 불리었고
<백석, 내 가슴속에 지워지지 않는 이름>이란 책이 있다

<대원각>이라는 큰 요정을 운영하였으나
생애의 높고 아름다운 회향廻向을 위하여
당시 시가 1000억 원이 넘는 전 재산을
법정스님을 통해 1995년도에 무상 보시하였다

요정 <대원각>이 부처님 도량으로 바뀌는 날
법정스님으로부터 염주 하나와 '길상화'라는 법명만 받았다
전 재산을 보시하고 아깝지 않으냐는 질문에
그것은 사랑하는 백석 시인의 詩 한 줄보다 못한 것이라 했다
그가 머물던 자리에는 맑고 장엄한 범종 소리가 울려 퍼진다.

김상진[*]

두메산골 장성 땅 가난한 농부의 아들로
철부지 어린 나이에 무작정 상경하였단다

얼마나 넘어지고 서러웠는지는 묻지 말자
가진 것 없고 배우지 못한 산골 청년에게는
굳은 의지와 절박함이 지팡이가 되었으리

험난한 길 헤쳐 자리 잡은 자신의 일터
서울의 중심이라는 중구 을지로에서
자신의 이름으로 식당을 개업한 지 30여 년

그가 혼자서 남몰래 흘린 뜨거운 눈물과
그가 넘어졌다 다시 일어선 굳은 의지가
마침내 환하게 웃는 얼굴로 꽃을 피운다

다가올 미래의 멋있는 인생을 위하여
오늘도 싱글벙글 반갑게 손님을 맞이한다.

[*] 을지로에서 일식 전문식당 경영

김석환[*]

불이 났을 때는 불이야
도둑이 왔을 때는 도둑이야 하고
우선 소리부터 질러야 하지만
할 말도 다 하지 못했던 불행한 때가 있었다

한때는 독재정권 물러가라! 직선제 개헌하라! 하고
서울. 인천. 부산. 광주 등 전국을 누비며
독재 권력에 항거하던 옛날의 야당 동지
그땐 정보형사들이 늘 우리를 감시하고 있었다

지금도 내게 급한 일이 있어 호출하면
지체 없이 뛰어올 묵은 친구
우리들의 우정은 변하지 않았고
옛날의 그 의협심 또한 변하지 않았지만
야속한 세월은 제동장치도 없이 질주하고 있다.

* 정당인, 대구광역시 의원을 했었다.

김선주[*]

두메산골마을 작은 교회 젊은 목사님이다
홀로 살아가는 노인이 많은 산골마을의 교회
20여 명의 신도들에게 알림 글을 돌렸단다

보일러나 냉장고 등 전기제품이 고장 나거나
텔레비전이 안 나오거나 무거운 것 들어 옮길 때
농번기 일손을 못 구할 때는 전화하도록 안내했다

몸이 아프면 이것저것 생각 말고 바로 전화하고
마음이 슬프거나 괴로울 때도 전화하라 당부했다
심지어 경로당에서 고스톱 칠 때 짝이 안 맞으면
전화를 주면 돕겠다는 내용까지 빼곡히 담았다

시골 노인들이 즐길 수 있는 게 화투놀이인데
화투놀이는 목사도 함께 즐길 수 있는 스포츠이고
예수님의 복음이 교인들의 작은 기쁨까지 빼앗는
옹졸한 규범으로 전락해서는 안 된다는 생각이라 한다

큰 규모의 교회와 신도수가 많은 교회보다도
하느님은 작은 이 교회 목사님을 참 좋아하시겠다.

  [*] 충청북도 영동군 상촌면 물한리에 있는 물한계곡교회의
    담임목사다.

김성수[*]

세상이 왜 아름다운지 아직도 모르시는 분들은
누군가를 진정 사랑해보시면 저절로 알게 되지요
뽐내지 않는 겸손과 사랑으로 조용하게 다가가서
힘들어하고 넘어지려는 사람들 손잡아주는 마음
숨길 수 없는 빛이 되어 세상을 밝혀줍니다

정의는 불의를 보고 고치라고 할 줄 아는 것이며
사랑은 나와 다른 처지인 사람을 품어주는 것이라
낮은 곳을 향한 구도자의 길을 걷는 신부님이시며
대학총장 서울교구장 대주교라는 이름을 숨기시고
강화도에 너와 나의 분별없는 울타리를 만들고자
발달장애인의 마을을 만들어 이 분들과 손잡고
헌신과 나눔으로 살아가시는 촌장을 혹 아시나요?

언제나 평화로운 웃음으로 먼저 손을 내미는 분
장애우의 대부이자 우리 시대의 큰 스승입니다
우리가 사는 세상이 아름답고 자랑스러운 것은
이와 같이 훌륭한 어른과 함께 살기 때문입니다.

[*] 전 성공회대학교 총장, 대한성공회서울주교좌성당 대주교, 강화도 발달장애인시설 <우리마을> 촌장, 90세.

까닭

일흔 넘어서니 예전 같지 않고 늘 아프다

의사의 진단은 여러 가지로 복잡하지만
내 스스로 진단한 그 까닭은 오직 하나다

가지지 말아야 할 것 남몰래 품고 있는 죄
버려야 할 것 버리지 못하고 움켜쥔 죄

차마 어쩌지 못하는 내 맘속 뜨거운 불꽃이여.

꽃씨

고맙습니다
수고하셨습니다
사랑합니다

이 말만 하여도
얼굴에 환한 꽃이 피네
참 고운 꽃씨가 되네

빙그레 미소만 지어도
맘에 고운 꽃이 피네.

꿈같은 꿈을 꾼다

나도 모르는 어느 날 문득
바람처럼 떠날 꿈을 꾼다

비바람에 몸을 맡기고
때를 기다리는 솟대처럼

아프고 그립고 외로워도
사랑했던 기억 하나로
힘든 고갯길 넘을 것이다

바람처럼 오고 가는 꿈을 꾼다.

나의 길

내 생애에 하루뿐인 새해 첫날
길을 걷는 것으로 하루를 시작한다

천천히 걷다가 멈춰 쉬는 그곳이
오늘의 내 마지막 자리다

죽음 후에는 구름처럼 바람처럼
길 없는 길을 자유롭게 다닐 것이다

내가 사랑했던 많은 사람들
날 사랑해주셨던 많은 사람들
어느 날 문득 나 이승을 떠나도
슬퍼하거나 맘 아파하지 마시라

우리는 이미 절절하게 사랑했음으로.

나이 일흔古稀

오늘도 눈부신 아침을 맞았다
내가 처음 왔던 그날처럼 신비롭게
눈물 나게 고마운 축복 아니고는
아무나 받을 수 없는 귀한 선물이다

날마다 받은 축복이 쌓이고 쌓여서
벌써 일흔, 고희古稀의 나이를 먹었다

단풍처럼 석양처럼 곱게 물들어 가면
나는 당도 높은 사랑으로 익어갈 것이다

얼음이 녹으면 다시 강물로 흐르듯이
내 몸을 바꾸어가며 영원으로 흐르리라.

나이를 먹어보니

나이를 먹어보니 갈망하고 부러웠던 것들은 시시해지고
하찮게 여겼던 작은 것들이 넉넉하게 다가온다

누가 무엇이 되고 무엇을 가졌다 해도 정말 시시하다
크루즈 여행인가 뭔가 다녀왔다 해도 시시하고
무슨 단체의 감투를 쓰고 앞자리에 앉는 것도 우습다

작은 것에 감격하고 함께하는 친구가 눈물 나게 좋다
적적하다면서 전화를 걸어주고 안부를 묻는 친구
나랑 밥 같이 먹고 싶다며 지금 찾아온다는 친구
손만 잡고 걸어도 품에 안은 듯 맘이 따뜻해지는 친구

내가 가지지 않아도 사랑할 수 있는 나이가 되어 좋다
하찮게 여겼던 것들이 귀하게 나를 품어준다
감동의 눈물 흘리며 사랑할 수 있어 참 좋다.

나 이렇게 살다 가더라도

병원에서 진료를 마치고 처방전을 받아
한 달 치의 약을 지어 받아들고는
깜박 전철 속에서 그만 두고 내렸네요

혹 내일이라도 나 이 세상 떠나야 할 땐
모든 것 다 미련 없이 잊어야 하겠지만

이렇게 깜박 깜박 정신없이 살다가
그대마저 잊어버리고 생각이 안 나면
당신은 또 얼마나 섭섭해 하실까요

혹 정신이 없어 내가 누구인지를 몰라도
당신 한 사람은 기억나게 해 주소서.

너에게 가는 길

드러나지 않는 너의 눈물이
나의 손을 잡아주는구나

너의 상처를 쓰다듬으면서
나의 상처를 치유해간다

눈물 자국 어루만지면서
참 모습으로 다가서고 있다.

노년 老年

친구가 있으세요

그럼 됐습니다.

노무현

나와는 개띠 동갑내기로
한때는 민주화 운동의 동지였으며
독학으로 사법시험에 합격하였고
마침내 대한민국의 제16대 대통령을 지낸
비운의 전사

고향에 돌아가
"야, 기분 좋다" 하고 소리쳤던 사람
그 소박한 꿈을 이루지 못하고
천명天命을 어기고 목숨을 끊었다

"화장을 해 달라
작은 비석만 하나 세워 달라
누구도 원망하지 마라"
사나이의 뜨거운 눈물 아닌가

먼저 간 영혼의 안식을 빈다.

* 대한민국 제16대 대통령 / 1946년 8월 6일(음력)에 나서
2009년 5월 23일 만 63세의 일기로 이승의 생을 마감했다.

노인과 꽃

꽃을 좋아하는 것은
나이와 아무런 상관이 없다

혼자 호젓한 산길을 걷다가
고운 꽃을 만나면
눈길이 떼이지 않는다

가능하면 향기도 맡고 싶고
손으로 어루만져 보고 싶다

그러나 차마 꺾을 수는 없다
영롱한 네 눈빛과 웃음이
보고 있는 맘 순결케 해 준다.

누구를 탓하랴

저기 저 나쁜 놈 봐라
비겁하고 간사하고 약삭빠른 저놈 좀 봐라
뻔뻔하고 체면 없이 구는 저 얼굴
날강도 같은 저 도적의 얼굴

아, 도저히 용서할 수 없을 것 같은
저 나쁜 놈의 흉악한 얼굴을 잘 살펴봐라
도대체 어떻게 생겨먹은 놈인지
깨어 있지 않으면 또 나타났다 사라지는 놈

누가 누구를 탓하겠느냐
내 속을 살펴보니 저놈들이 다 숨어있다
수시로 나타났다 사라지는 저 검은 그림자
정신 똑바로 차리고 깨어 있어야 물리친다.

눈 오는 밤

어둠이 내리고 눈이 펑펑 쏟아지는 날 밤

"아이구 우짜꼬
산토까이들 먹을 것도 없을 낀데 다 얼어 죽겠다"
내 어린 시절 들었던 어머니의 걱정스런 말씀이었다

오늘 다시 그 말씀 되새겨본다
겨울이 봄날처럼 환해진다
세상이 따뜻해진다
얼어붙었던 맘도 금방 녹아내리는 듯하다.

* 우짜꼬 - 어찌하나 * 산토까이 - 산토끼

눈꽃 雪花

이제 고희를 넘긴 동갑내기 친구들은
장난치듯 날 보고 허영감이라 부른다

펄펄 끓던 우리들 가슴 다 식어버렸는데
누구랑 무슨 재주로 꽃놀이 하겠느냐고
이제 마음뿐이지 우리는 다 되었노라고

사랑은 뜨겁게만 피는 불꽃이 아니지 않나
눈부신 햇살에 몸을 녹이는 설화雪花를 보라

영롱한 몸 바쳐 다시 뜨거운 눈물이 되는
저 눈부신 꽃은 사랑의 또 다른 이름이리라.

눈물

의사인 친구가 죽을병에 걸렸습니다
오래 살지 못한다는 것을 잘 알고 있었습니다

평소에 의지하던 스님에게 가서
곧 죽을 것이라 얘기를 했습니다
듣고 있던 스님이 농담처럼 말합니다
"죄가 많구나 아직은 젊은데
의사가 못 고치는 병을 무슨 재주로 고치겠노
한 가지 방법이 있기는 하다만 잘 되겠나"
눈과 귀가 번쩍했습니다

"실컷 울어봐라 눈물이 뜨겁게 울어라
한 바가지만 흘리고 나면
골속에 고름인들 안 빠지고 견디겠나"

내 생애에 가장 슬프게 울었던 날
부모님이 돌아가셨을 때도
나는 수건 한 장도 흠뻑 적시지 못했는데.

〈기쁨세상 기쁨축제 200회를 축하합니다.〉
눈물도 기쁨 되게 손잡고 갑시다

우리나라 축제는 수백 가지가 있습니다
먹을거리 축제와 전통놀이 축제
별별 이름의 축제가 다 있습니다
이 많고 많은 축제 중에서도
가장 오래되고 기분 좋은 축제는 기쁨축제뿐입니다

사랑하는 사람끼리- 맘 통하는 사람끼리는
하룻밤에 만리장성을 쌓는다고 했습니다
슬픔과 분노도 사랑으로 쓰다듬으면서
기쁨으로 숙성시키는 기쁨가족들!

그 기쁜 맘으로 한 달에 한 번 200번을 만났으니
그동안 쌓아올린 기쁨의 만리장성은 200배 됩니다
천진난만하게 웃는 기쁨가족의 환한 얼굴들이
어두운 세상도 환하게 밝힐 빛이 될 것입니다

기쁨세상으로 앞서가시는 이끔이 이상헌 선생님*

손에 손을 잡고 기쁜 맘으로 함께하는 기쁨가족들
사랑하는 우리들의 마음이 기쁨의 바이러스가 되어
더 밝고 환한 기쁨세상을 만들어 갑시다
눈물도 기쁨 되게 우리 함께 손잡고 갑시다.

* 1997년에 기쁨세상 모임을 만들었다.
  2019년 5월에 268회 모임을 가졌다.

늑대야 늑대야

남자는 모두 도둑놈, 늑대라며
늘 경계를 하던 동창생 권여사로부터
느닷없이 소주 한잔하자는 전화가 왔다

"어이 권여사 이젠 늑대가 안 무섭다 이거지"
"흥 이빨 빠진 늑대는 이미 늑대가 아니라던데"
"누가 이빨이 빠져 아직 나는 늑대야"
"늑대라 해도 이젠 무섭지 않아
나는 이제 먹잇감이 되지 못하거든"

이제는 더 이상 먹잇감이 되지 못해
늑대가 무섭지 않다는 권여사와
아직도 늑대라며 큰소리치던 내가
늦은 밤까지 거나하게 취했지만
우리 아무런 사고 없이 헤어졌다

그날 권여사를 그냥 집으로 돌려보낸 것이
두고두고 후회가 되었다
아- 나는 아직도 늑대가 분명하다.

담배

너는 나의 무한한 호기심이었다
사랑이었고 눈물이었고 한숨이었다

아무런 걸림 없이 맞이했던 군대 생활 3년
너와의 첫 번째 동거 깊은 마력에 빠져 있었다
군복을 벗으면서 화랑이란 이름의 첫사랑을 버리고
새로운 사랑을 했다

진달래 아리랑 파고다 신탄진 금잔디 청자 거북선
태양 환희 은하수 솔 한라산 88 라일락 하나로 …
많은 이름이 너를 바꾸어가며 사랑했다

한마음, 디스 와도 은밀한 사랑을 나누었다
너를 태워서 넘어진 나를 일으켜 세우려 했다
흠뻑 젖어버린 어둠을 털어내려 했다

아직도 문득 문득 그리움에 젖는다
긴 세월 우리 사랑 도저히 끊지 못할 것 같은 인연도
이제 내 안에 상처로만 남아 있다

한때는 나를 일으켜 세우기도 했던.

담장 너머 사랑

바람이 꽃향기를 실어다 준다
이웃들의 웃음소리도 들려온다
담장 너머 이웃사촌들 다 모여든다

멀리에 있는 일가친척보다도
가까이에 함께 어울릴 수 있어 좋다
담장 너머 꽃향기도 가져다주고
웃음소리도 함께 나누는 여기에
내 가까운 이웃이 있어 참 좋다

서로가 서로를 반기고 격려하는 여기
정화 이엔피ENP 공원이 있어 참 좋다.

* '정화 이엔피ENP' 회사공원에 적어준 시

담장을 허물고

막힘이 있는 곳
함께하지 못하는 곳
그곳엔 늘 벽과 담장이 있었다

높이 쌓은 담장이 허물어지고
안과 밖이 더 넓고 환해진다

바람과 햇살이 좋아라 뛰어들고
닫힌 유리창문도 덩달아 열린다

분별했던 이웃이 가까워지고
소통되지 않던 맘들이 오고 간다

담장이 허물어지고
마음이 활짝 열리는 여기에
밝고 환한 얼굴
행복한 이웃이 있다.

 * 대구 담장 허물기 시민운동 본부의 의뢰로 씀
    (대구 지산쉼터에 시비로 제작되어 있음)

당신은 그 입 다물라

꼭, 말을 해야 할 때 숨죽이고 숨었다가
다 끝난 다음에 나타나서 이러쿵저러쿵
말 많은 당신은 이제 그 입 다물라
불의를 보고도 눈감아버리고
모른 척 도망간 당신은 입 다물라

앞으로 뭐가 되겠다며 자랑만 하더니
돈에 팔리고 권력에 굴복하고 아첨하는 당신은
재벌과 권력의 나팔수 노릇 그만하고 입 다물라

진리를 위하여 목숨까지도 버릴 수 있을 때
정의를 위하여 부끄럽지 않는 양심이 있을 때
꼭 해야 할 말이 있을 때는 머뭇거리지 말고
누구를 두려워하지도 말고 당당하게 말하시라.

대광리 大光里

경기도 연천군 신서면 대광리에
유월의 햇살이 눈부시게 쏟아진다

40 수년 전 비무장지대를 눈앞에 두고
내 젊음을 불태웠던 추억의 장소
아직도 군인초소 뒤편 막사 위에는
이 한 몸 조국을 위하여 라는 구호가
늙어가는 사나이의 가슴을 두드린다

강둑을 점령하여 온통 꽃밭으로 만든
금계국화 꽃길을 사열하듯 걸어본다

저기 야월고지 넘어 있었던 옛 동지들
지금은 어디에서 무얼 하고 있을까?

눈부시게 환한 여기 대광리에 오면
식어가는 가슴도 뜨겁게 달구어진다.

도반 道伴

짜증을 내려다 멈춘다
화를 내려다 또 멈춘다
네가 살아온 그 길 떠올라서
돌아서려다 미안해하며
오히려 내가 그만 울고 만다

아프고 서러운 길 걸어온 네게
모든 것 다 품어 용서한 네게
차마 그리할 수는 없지 않는가

보고 또 보아도
참하고 눈물 나는 사랑이다
먼 길 멀지 않게 손잡고 간다.

동촌역

동촌 반야월 청천 하양을 지나
금호 봉정 영천으로 이어지는 기찻길
온통 능금 밭이었던 동촌 지나면
승객들의 얼굴도 능금 빛으로 붉게 익었다

동촌을 지나면 바로 대구역이었고
이 역을 떠나면 대구를 벗어나는 나들목역
아직도 대구능금의 향기가 묻어 있는 이곳

백년 가까이 손을 흔들어주던 역사驛舍는
오고 가던 그 많은 손님들 다 어디로 보내고
이제 노병처럼 홀로 앉아 편안하게 쉬고 있네

아침 햇살만이 그때처럼 눈부시게 내리는.

* 동촌역(東村驛, Dongchon station)
* 1917년 11월 1일 영업 개시(대구광역시 동구 검사동 990번지)
* 2008년 2월 15일 폐역<근대문화재로 등록되었음>

둥 둥 둥, 북소리 울린다

일어나 창문을 열어라
닫힌 가슴도 활짝 열어라

한숨 소리 싸움 소리 큰 소리
모두 그치고
가슴 벅찬 우주의 소리
출발을 알리는 첫소리 들어보자

둥 둥 둥 새날이다
캄캄한 어둠을 걷어내고
세상을 밝히는 해가 솟는다

못난 나를 버리고
잘난 척했던 나도 버리고
묵은 것, 낡은 것, 모두 다 벗고
새날을 맞이하자

너도 새롭게 나도 새롭게
우리 첫 마음으로 새날을 맞이하자.

들꽃시인

난초를 좋아하는 가까운 친구가 있었다
특별한 공간을 만들어 습도와 온도를 조절하고
정성으로 보살피지 않으면 키울 수 없다 한다

난초 잎을 조심히 닦아내는 그를 바라보며
내게 선물하겠다는 난초를 단호히 거절했다

아이들 머리 한 번 쓰다듬어주지 못했는데
내가 어찌 난을 사랑으로 키우겠느냐고 했다

내 말을 듣고 깜짝 놀랐다는 그 친구
이제는 비바람에 흔들리며 스스로 피어나는
작은 풀꽃을 찾아다니는 들꽃 시인이 되었다.

따뜻한 밥

맛있는 밥 먹어본 지 오래되었다
엄마가 금방 해 주시던 따뜻한 밥
김이 모락모락 오르는 맛있는 밥
이제는 먹을 수 없다

오늘은 모처럼 따뜻한 밥 먹겠다
정년퇴직한 지 10여 년이 넘었는데
옛 직장 후배가 밥 대접하러 온단다

말만 들어도 그 밥 참 따뜻하다.

또 다른 이름 빙그레

일흔 넘도록 세월에게 배운 것이 참 많다
모자라는 무리에 나를 두니 엄청 편안하다

깨달음 후에 얻을 수 있는 또 다른 이름
바보 같은 행동에 사람들이 더 좋아한다
바보가 이토록 편한 줄은 정말 몰랐었다

한 수 넘어 두 수 건너야 될 수 있는 바보
누가 내게 못난 짓을 해도 빙그레 웃어준다

이제 빙그레 선생이라는 다른 이름도 얻었다
바보처럼 살다가 바람처럼 떠나는 꿈을 꾼다.

멋진 그대여

어릴 때 천진난만했던
그 모습은 어디로 갔을까

총명하고 올곧은 당신의
참 모습은 어디 있나요

이제 우리가 믿을 수 있는
그대 멋진 모습을 보여주세요.

목숨의 길

사람의 목숨은 하늘의 뜻이 아니다
먹을 수 있을 때까지다
먹지 못하면 틀림없이 죽는다

사람 좋고 실력 있고 건강했던 내 친구
췌장암 말기 진단을 받고 삶을 정리하였다
가족에게 무슨 말 남길까 생각하다가
사랑하며 살아라 하고 유언을 남겼다

물도 마시지 못한다니 생의 끝자락에 머물 때
바짝 마른 얼굴 나는 차마 쳐다보기 무서웠다
정신은 저토록 초롱초롱한데 어쩌면 좋을까
육신의 저 고통을 넘어서야 고요로 갈 것이다

맘대로 죽을 수도 없는 이승과 저승의 갈림길
살아있는 우리들 목숨도 저 길에서 헤어지리라.

무서운 사람들

미친 사람이 칼 들고 있으면 무섭다
무식한 사람이 돈 많은 것도 무섭고
권력을 잡으면 더 무섭다

그러나 그보다 더 무서운 게 있다
실력 있고 잘났다는 사람들 중에
사람이 아닌 사람은 더 무섭다

언제나 웃고 있는
너그러워 보이는 탈을 벗기면
더럽고 흉악한 얼굴들이 보인다

언뜻 언뜻 나의 얼굴도 보인다

몸서리치게 무섭다.

뭐가 이렇노

독립 유공자 후손 잘사는 것 봤나?
못 봤심더.

매국노 후손 못사는 것 봤나?
못 봤심더.

양심적인 사람 잘사는 것 봤나?
못 봤심더.

나라 팔아먹은 부정부패의 원흉 못사는 것 봤나?
못 봤심더.

씨이팔 뭐가 이렇노.

* 소설가 송일호 씨와 대폿집에 앉아
　술로 속을 씻어 뱉어내었다 참 시원타

미소법문

하루 이틀도 아니고
10년보다도 훨씬 더
오래오래 전부터
꿈쩍도 않고 앉아 계신다

밤낮으로
눈도 깜박이지 않고
홀로 앉아
빙그레 웃고만 계신다

묵언 중인 부처님
지금 미소법문 중이시다

아마도
눈을 부라리고 있었다면
다 돌아서서 갔을 것인데

오늘도 한결같이

웃으시는 부처님께
공손히 엎드려
큰절을 올리며
미소법문을 듣는다

빙그레!
그 환한 미소에
평화가 가득하고

마주한 우리들 얼굴도
달덩이처럼 환하게
잔잔한 미소가 번진다.

문일석*

전철 속 승객이 종이신문 읽는 시대는 지나갔다
모두가 스마트폰으로 뉴스를 읽고 정보를 얻는다
미래는 속도가 지배한다며 인터넷 신문을 만들었고
몇 개의 주간지 신문을 발행하는 사장이며 기자이다

또 내가 알고 있는 시인 중에 키가 가장 큰 멋쟁이
자신이 웃음종교의 초대 교주라며 호탕하게 웃는다
유한한 인생 우리는 즐겁고 행복하게 살아야 한다
OECD 국가 중에 자살자가 가장 많다는 우리나라
자살왕국이라는 소리를 듣지 않았으면 좋겠다

현재 우리나라 우울증 환자는 약 100만 명에 이른다
외로워서 스스로 목숨을 버리는 일은 없어야 한다
자살왕국에서 웃음교주의 할 일은 기쁨을 나누는 일!
아까운 한 세상 외로워서 죽는다면 너무나 억울하다
유쾌한 시인의 독특한 시선과 기발한 생각이 즐겁다
자살 예방운동의 묘약 웃음과 사랑을 함께 나눕시다.

* 자칭 웃음종교 교주. 주간 현대. 사건의 내막. 브레이크뉴스 발행인, 시인

박명칠[*]

친구들 가운데 가장 먼저 사장 소리를 들었지만
지금은 마누라의 1급비서 라며 호탕하게 웃는다

떨어지는 낙엽에도 맘이 움직이는 낭만파 사나이
가슴이 뜨겁고 사나이의 의리를 강조했던 친구다

놀라운 변신의 하나는 목사 사위를 맞은 후부터
좋아하던 술도 끊고 착실한 교인이 되었지만
그도 외롭고 쓸쓸한 날이면 기도와 찬양보다도
친구가 먼저 생각나서 외로움을 알려온다

모두가 허리와 다리가 아프고 병원 단골손님이지만
몇 번을 더 만나고 못 만나게 될지는 알 수 없는 일
이제 예전보다 더 많은 외로움이 쌓일 것이다

"야! 친구야 지금 뭐 하고 있노" 하고
보고 싶다는 전화가 자주 걸려올 것이다
늘 하는 우리들의 단골 부탁 "부디 몸조심해라"

---

* 약국을 경영하는 부인의 조수 노릇을 하고 있다.
   한때는 한국청년실업인회 회장을 했었다.

박인현[*]

젊음과 건강이 얼마나 소중한지는
자신이 늙고 병들어보면 저절로 안다

건강한 몸도 늙어 가면 병들고 아프다
견디기 힘든 아픈 통증을 치료해 줄 때
의사가 얼마나 고마운지 비로소 안다

내 아픈 몸을 살펴 치료해 주는 한의사
할머니의 약손처럼 따뜻하고 신비롭다
단전한의원에 내 주치의 젊은 원장님이다

나는 오늘도 기분 좋게 물리치료를 받았다
건강한 하루에 안심이 되고 맘이 편안하다.

* 내 주치의 한의사, 단전한의원 원장

박춘근[*]

격식 없이 이야기할 수 있는 인물은 소중하다

예전에는 입산하여 김천 직지사에 머물렀다가
종단의 중요 직책을 가졌지만 오래전에 버렸고
얽매이지 않는 자신의 길을 걸어가는 자유인이다

굽이치는 강물이듯 머뭇거리지 않고 나아가는 길
때로는 천 길 낭떠러지에 떨어지기도 하였으리라

앞뒤를 따지지 않고 내달리는 물길처럼 흐르다가
가끔은 걸음을 멈추고 제 맘 다스리는 저 사나이
선승이 따로 없는 듯 텅 빈 주머니가 더 자유롭다

자신의 발자취를 스스럼없이 드러내어 펼쳐놓고
웃기고 울리는 재치와 농담은 맛있는 즐거움이다.

* 수필가. 한국무궁화연구회 고문

박항서*

남들은 이기기를 바라며 응원하겠지만
어찌 이기기만 하는 시합이 있겠는가
그러나 그보다 더 어렵고 중요한 일은
먼저 주눅이 들어 두려워하는 나약함이고
이길 수 없다는 패배 의식이 아니었을까
넘어진 자를 일으켜 세워 용기를 북돋우고
흐트러진 맘과 힘을 하나로 모아야 했으리라

공은 둥글고 어디로 구를지 예측할 수 없다
누구나 이길 수도 누구나 질 수도 있는 경기
자신 있고 용기 있고 실력 있는 자가 이긴다
변방이라는 축구팀을 승리로 이끌었을 때
사람들은 그를 영웅이라 높이 치켜세우지만
나는 영웅이 아니라 평범한 축구감독이라며
스스로를 낮추는 겸손이 그를 높여 주었고
승리보다 더 큰 기쁨과 영광을 안겨주었다

사람들이여! 어찌 이겨라고만 할 것인가!
정정당당하게 겨누는 아름다운 꿈을 꾸자.

* 베트남 국가대표 축구감독

방종현*

1946년 같은 해 같은 달에 이 세상에 왔다
우리 둘의 목소리는 착각할 정도로 비슷하고
오래전부터 맘 잘 통하는 멋쟁이 친구다

불의를 보고 참지 못하던 젊은 한때는
독재 타도! 민주 쟁취!를 소리 높여 외치던 동지!
지금은 글 쓰고- 노래 부르고- 여행 다니면서-
갑장 문인들의 모임 몽돌회의 이끔이로 활동한다

정치인들도 이 친구만큼만 부지런히 봉사하면
당선되고 연임하는 것은 누워 떡 먹기보다 쉬울 게다

문득 스쳐 지나가 버린 빠른 세월 아쉬워하며
이제 서로를 위로하고 위로받는 노년의 길동무
해 저물 녘 맘 울적하면 대폿집으로 내 맘 이끌어간다.

* 수필가. 대구매일신문(시니어기자)

배설

한숨을 뱉어내어도 속이 후련하고
아 - 하고 큰 소리 지르고 나면 더 후련하다
막힌 코를 풀어도 시원하고
북받친 설움, 눈물로 쏟아 놓으면
응어리진 가슴까지 시원하다

앞앞이 말 못할, 차마 말 못할
가슴속 사연들 풀어 놓고 나면
돌덩이 하나 들어낸 듯 가뿐하고 시원하다

방귀만 뀌어도 시원하고
참고 있던 오줌을 눈다든지
배가 홀쭉하도록 마렵던 똥을 누고 나면
아 - 얼마나 시원한지 말로 해 무엇하랴

작은 것 버려도 시원할진데
큰 것 쏟아내어 버리고 나면 얼마나 후련할까
막힌 것을 확 뚫었으니 말로 해 무엇하랴.

변세화 시인의 영전에

봄날이 오고 붉은 장미꽃은 피었는데
그대는 어찌 이리도 황망하게 가셨나이까?

눈물과 통증과 못다 한 이승의 사랑도
그대가 애써 꽃피웠던 아름다웠던 모든 것을
한순간에 다 놓아버리고 홀로 걸어가셨구려!
참으로 어렵고 견디기 힘든 그 고갯길을 건너
기어이 조용한 적멸보궁에 드셨구려!

우리 사는 세상 뭐 별거 있습니까?
오고 가는 길에 잠시 머무는 곳 아닙니까?
푸른 생명 꽃피우며 일어서는 이 봄날에
그대는 홀로 그렇게 떠나가셨구려!

자유로운 영혼으로 살고자 했던 시인이여
굵직한 경상도 목소리에 뜨거운 가슴으로
한때는 소주잔을 높이 들고 웃고 울던 시인이여
우리 바람으로 구름으로 꽃피는 날 만납시다
사랑으로 바라는바 부디 평안히 영면하소서!

보청기

가난과 질곡 속에 살았어도 몸은 정정하셨다
여든다섯에 돌아가실 때는 맘으로 세상을 보셨다

눈과 귀는 점점 더 어두워갔지만 맘은 밝으셨다
의식을 잃어 가시면서도 아들의 목소리와 얼굴은
귀신같이 알아보셨고 맘까지 정확히 읽고 계셨다

보청기 하자고 하면 고개를 가로저으시던 어머니
귀 어둡고 눈 어두운 것이 천만다행이라 하셨다
서러운 소리 몹쓸 꼴을 보고 듣지 않아 좋다 하셨다

눈으로 마음으로 세상을 다 읽고 보고 계시었고
하늘의 소리, 마음의 소리 다 알아듣고 계시었다.

봄

꽃망울 터지는 봄날

"선생님은 참 재밌고 젊어 보여요"
내 팔에 매달리는 꽃이 있다

스물한 살 젊디젊은 여인

묵은 가지 겨드랑이 가렵더니
새순 돋는다

아무래도 이번 봄에는
꽃밭에 넘어질 것 같다

꼭, 넘어질 것 같다.

불

한 번뿐인 생애
뜨겁게, 뜨겁게 살아라

활활 피어
춤추는 꽃으로 살아라
언 가슴 녹이는 사랑으로 살아라

한 줌 재가 될지언정
그래, 그래
그렇게 살다 가라

네 몸 모두 불사르고
적멸보궁에 들어라.

불꽃

그대는 뜨거운 꽃입니다

내 생애의 마지막도
그대를 닮은 불꽃입니다

사랑하고 사랑받다가
온몸을 다 불사르는
아름다운 꽃이고 싶습니다.

비무장지대 非武裝地帶

총 들고 경계하는 초병은 불안하다

총을 놓아라, 맘이 편안하다
무기를 버려라, 전쟁의 공포가 없어진다
적대감을 버려라, 사랑하게 된다

평화를 위하여 내 젊음을 바쳤던 곳
비무장지대 여기엔 평화가 숨죽이고 있다

이제 우리 함께 어울려 춤추고 노래하자.

빛나는 시인

명품 시를 쓴다는 유명 시인이라 할지라도
행동이 뭐 같으면 껍데기 시인이 분명하다
시詩가 시인으로 이름 붙여주는 것이 아니라
사람이 먼저 시인다운 품격이 있어야 시인이다

물길이 동쪽으로 흐르면 어떠하고
서쪽으로 흐르면 또 어떠하랴
강물이 깊으면 어떠하고 얕으면 어떠랴
그게 뭐 그리 중요하단 말인가
끊이지 않고 맑은 물길로 굽이쳐 흐르면
그 강은 생명 같은 젖줄이 되느니
설령 작품이 뒤떨어진다 해도 순수 무구하고
그 영혼이 깨끗하면 이미 빛나는 시인이다
시詩는 알맹이로 보이지만 시인은 껍데기가 있고
껍데기로 보이지만 사람으로 빛나는 시인도 있다

말과 글이 아닌 겸허한 몸짓으로 살아가는 시인은
시인의 나이와 학력과 문단 이력과는 상관없이
나는 그를 빛나는 시인으로 높이 받들 것이다.

빠르다

여자 홀리는 데 날쌘 친구가 있었다
우리들은 그를 총알이라 불렀다

총알이란 친구가
맘속으로 점찍어 둔 여자를
내가 낚아챈 일이 있고부터
친구들은 나를 번개라 불렀다

30여 년이 지난 어느 날
대폿집에서 옛날이야기를 하다가
지금도 총알보다는
번개가 더 빠르다고 내가 강조하였다

총알 번개보다 훨씬 더 빠른 늠이 있다고
친구들이 입을 모아 웃었다
우리는 벌써 여섯 고개를 넘고 말았다.

사람의 밥이 되어

오늘 왔다가 오늘 가는
하루살이의 생명도 위대하게 왔으리
길바닥에 떨어져 뒹구는 나무 이파리도
신비롭게 왔다가 가느니

내 작은 한 톨의 쌀로 몸 받아 올 때
하늘과 땅이 있어야 했고
밤낮이 있어야 했고
해와 달 비바람이 있어야 했다

농부의 얼굴을 뙤약볕에 그을리게 했고
애간장을 녹이게 했고
손마디가 굵어지도록 일하게 하고
땀 흘리게 했다

이제 사람의 밥이 되어 나를 바치오니
작은 이 몸이 어떻게 온 것인지를 일깨워
부디 함부로 하지 말게 하소서
부디 함부로 하지 말게 하소서.

사랑아

사랑에 조건을 붙이지 마라
활활 피어 오를 때 불꽃이다

한 번이면 어떻고 순간이면 어떠랴
천둥 번개처럼 오시라, 머뭇거리지 말고
차가운 가슴 되기 전에 불꽃으로 피우리라

아름답게 따뜻하게 품어주어라
사랑하는 영혼만이 행복할 수 있다.

사랑하라

애간장을 녹인 사랑 때문인가

고동치던 가슴 멎은 듯 숨이 막히고
앞가슴 통증이 견디기 힘들 만큼 아프다

떠나버린 친구의 자리만큼 빈 가슴에
빨간 위험의 신호등이 급하게 켜졌다

더 어둡기 전에- 불이 꺼지기 전에-
머뭇거리지 말고 사랑하라 하고 일러준다

터질 것 같은 심장에 피가 흘러야 하고
막힌 맘 통할 수 있도록 펑펑 뚫려야 한다

사랑만이 유일한 처방이다.

산

하늘 아래
엎드리지 않고도
우뚝 일어선
너의 이름은 없구나

그랬었구나
그래서 큰 산이 되었구나

백성을 위해
엎드릴 줄 알면
그도 큰 산으로
일어설 수 있는 것이로구나.

산을 넘는 길

산골짝으로 흐르는 저 계곡의 물소리 깊다
나는 산을 오르고 물은 산을 내려가고 있다

골짝 골짝을 에돌아 거침없이 내려가서
나보다 먼저 높은 산을 뛰어넘어 간다

나는 능선을 오르고 산을 넘어가지만
저는 낮은 곳으로만 흘러 산을 넘어간다

땀을 뻘뻘 숨 가쁘게 산을 넘어 바라보면
아래로만 흘러 골짝 험한 산길을 내달린다

다시 저 아랫자락을 품고 넘어서 가면
이제는 분명 더 큰 산을 넘어설 것이네

졸졸졸 찰찰 노래 부르며 온몸을 던져서
낮은 곳을 품으며 더 큰 산을 넘을 것이네.

새날을 열어가자

새해 첫날 아침이다
닫힌 문을 모두 활짝 열어라

낡고 곰팡이가 슨 것들
아프고 상처 난 것들
어둡고 부끄러운 것들
모두모두 걷어내고
꿈꾸고 계획하고 준비했던
밝고 새로운 것들로 바꾸어 나가자

어제가 얼룩 아니고
눈물 아닌 자춤 어디 있으랴
이제 우리 서로가 서로의 눈물을 닦아주고
어깨를 보듬어 위로하며 손잡고 나가자
더 이상 누구를 탓하며 원망도 말고
손에 손 잡고 우리 함께 새날을 열어가자

저마다의 가슴에 부푼 희망이 가득하다
이제 우리들이 꿈꾸어 왔던 여유로운 세상
빛나는 새 시대의 꿈을 함께 만들어 가자

허둥대며 서둘지 말고 차근차근히 힘을 모으고
옛 선비들처럼 허리에 뒷짐 지고 여유도 부려보고
부끄럽지 않는 자신의 얼굴을 거울에 비치게 하자.

선택

다 같은 단골손님에게도
종업원의 대우는 다르다

예의를 갖춘 사람은
손님으로 대접을 받고
예의가 없는 사람은
손놈으로 대접을 받는다

님과 놈의 선택은
스스로 선택하는 이름이다.

소가 비웃고 있다

풀밭에서 풀을 뜯고 뛰어놀아야 할 소가
자유 없는 좁은 우리에 갇혀 사육당하고 있다

더 많은 살코기를 위하여 항생제와 성장촉진제
심지어 양의 내장까지 순순히 먹어야 한다

소가 눈을 희번덕거리며 미쳐 날뛸 때
사람들 뇌에 구멍이 슬고 치매가 뒤통수에 매달려도
근수가 잘 나간다고 흡족히 웃는 바보 같은 사람들

소는 사람들이 미쳐간다는 걸 알고 있었을까
커다란 두 눈을 끔벅거리며 사람들을 비웃고 있다.

손발 맞추기

마음이 어지러울 때
호젓한 산길을 걸어보라

왼발이 나가면 오른손이 나가고
오른발이 나가면 왼손이 나간다

일부러 맞추지 않아도
저절로 그렇게 된다

작은 일이나 큰일이나
안팎으로 손발이 잘 맞아야 하는 것

얼키설키하는 일이 풀리지 않을 때
혼자서 오래오래 산길을 걸어보라.

송월주

그대 지금 나보고 웃으셨는가?
그러니 나도 모르게 웃음이 나오지 않는가
그대가 아프면 나도 아프고
그대가 기쁘면 나도 따라 기쁘네

하늘과 땅, 비와 바람, 구름과 산과 들, 나무와 풀
사람과 짐승들, 날파리와 지렁이에 이르기까지
열린 마음과 깨침의 눈으로 세상을 바라보면
나와 하나도 다르지 않다고 가르치시는 선승이시다

깨친 맘으로 보라! 지랄 같은 좌파우파가 어데 있는가?
넘어진 자를 일으켜 세우고 잘못한 것을 바르게 하는 일
죽어가는 자를 살리게 하는 일, 너와 내가 다르지 않으니
네 것 내 것 따지지 않고 서로 부둥켜안고 사랑하는 일
이것 말고 뭘 더 하겠다는 것인가를 우리에게 묻는다

* 월주 스님 / 조계종 총무원장, 경실련 공동대표,
우리민족서로돕기 대표, 지구촌 공생회 대표로 활동

송종의 *

대검 중수부장, 서울지검장, 법제처장
검찰의 핵심 부서를 두루 거쳤으니
변호사 개업을 했더라면 꽤 많은 돈을 벌었을 텐데
세인들의 예상을 뒤엎고 미련 없이 서울을 떠났다

충남 논산군 양촌면에 영농조합 법인을 설립하여
평균 70세가 넘는 동네 할아버지 50여 명에게
일자리 마련해주고 더불어 재미있게 살고 있다

욕심이 많으면 근심이 생기고 재앙을 부른다며
물질의 길이 아니라 잊어버린 자아를 찾는 사람

"변호사는 남의 일을 가지고 사는 직업이잖아요."
그가 던진 이 한마디가 우리의 길을 안내해준다
남의 일을 가지고 살다가는
정작 자신을 잊어버릴 수 있다는 가르침이 아니랴.

* 전 법제처장

수염

존재의 가치를 무시해버렸다
날마다 잘라버리니 억울할 것이다
기껏 자유롭게 사는 시간이 하루다
수염을 생각하면 정말이지 미안타

제 모습을 드러낼 때쯤에는
어김없이 잘라버리는 나는 독재자인가

수염이 자유롭게 자랄 때가 되면
나도 정말 자유를 누릴 듯하다.

순하게 살았으니

아파트 담장 옆구리 빈터에
이름 모를 잡초들이 무성했다
오늘은 관리실 아저씨가
예초기刈草機로 사정없이 베어버린다

8월의 태양이 쏟아져 내리는 한낮
금세 생기를 잃은 잡초들 드러누워
순순히 한 생애를 마감하고 있다

칼날에 무참히 쓰러지는 푸른 생명들
순한 풀 향기가 자욱하게 퍼진다
남의 목숨을 먹이로 하는 동물들과는
떠나는 마지막의 모습이 사뭇 다르다

하늘 법 따라 순하게 살았으니
향기 또한 순하고 부드러울 수밖에.

쉰, 절정이로구나

너 이제 절정이로구나
쉰은 쉬어 넘어가는 것이 아니라 농익은 향기로구나

삭힌 홍어 맛이 입안을 놀라게 하고
곰삭은 갓김치가 입맛 당기게 하듯
생각만 해도 군침이 도는
조금 늦은 저녁의 밥상이로구나

어둠이 시작되는 창가에 얼핏 한 올씩 눈에 띄는
흰 머리카락이 눈시울을 젖게 하는

쉰, 어쩌면 침 한 번 삼키고 나면 돌아오는 나이
발효의 절정이로구나.

식탐 食貪

먹는 일에 목숨 걸던 때가 있었다

먹지 않고 살았다는 사람 없었으니
어지간히 먹어대었고 무식하게 먹었다
욕심만 살찌웠다

탐하는 마음 하나만 들어내어도
무게가 확 줄어든다는데

끝없이 고이는 군침.

아깝고 안타깝고 불쌍하다

술 잘 먹고 사람 좋기로 소문난 친구들
왜 그리 서둘러 가버렸는지 너무나 아깝다

부동산 투기로 부자 된 친구도
어느 날 갑자기 그 많은 재산 그대로 놔두고
홀로 훌쩍 떠나가 버렸다 참 안타깝다

실력보다 더 큰 감투를 얻어
어깨와 목에 힘이 들어가고
걸음걸이가 이상해진 친구
오늘 아침신문에 죽었다는 소식이다

내가 속으로 저 친구 오래 못 살겠다 했는데
그만 죽고 말았으니 미안하고 불쌍하구나.

아지매는 할매 되고

염매시장 단골술집에서
입담 좋은 선배와 술을 마실 때였다

막걸리 한 주전자 더 시키면 안주 떨어지고
안주 하나 더 시키면 술 떨어지고
이것저것 다 시키다 보면 돈 떨어질 테고
얼굴이 곰보인 주모에게 선배가 수작을 부린다
"아지매, 아지매 서비스 안주 하나 주면 안 잡아먹지"
주모가 뭐 그냥 주모가 되었겠는가
묵 한 사발하고 김치 깍두기를 놓으면서 하는 말
"안주 안 주고 잡아먹히는 게 더 낫지만
나 같은 사람을 잡아먹을라 카는 그게 고마워서
오늘 술값은 안 받아도 좋다" 하고 얼굴을 붉혔다

십수 년이 지난 후 다시 그 집을 찾았다
아줌마집은 할매집으로 바뀌었고
우린 그때의 농담을 다시 늘어놓았다
아지매는 할매 되어 안타깝다는 듯이

"지랄한다 묵을라면 진작 묵지"

아직도 내 얼굴은 붉다

강변역 버스터미널 앞 길거리
두 다리를 잃은 남자 불구자가
뙤약볕에 엎드려 구걸을 하고 있다

나는 멀쩡한 두 다리를 가졌으니
동전 한 닢이라도 주고 가려는 맘으로
주머니를 살펴봤더니 아차 이걸 어쩌나
동전은 없고 배추이파리 한 장뿐이다

주고 갈까 말까 몇 번이나 망설이다가
그냥 모른 체하고 지나치고 말았다

내가 이토록 쩨쩨하고 못난 놈이란 생각에
아직도 시시때때로 남몰래 얼굴이 붉힌다.

알림 (빗자루를 찾습니다)

정직하게 일하는 국회의원 나으리에게는
참말로 미안한 말이지만요
조오 빠지게 일하고도 대접을 제대로 못 받는
노동자가 수두룩한 세상인데

놀고도 돈 받아 챙기는 구케의원이 있고
또 그 돈을 슬쩍 올리는 염치없는 놈도 있고
입만 열었다 하면 자기만이 애국자인 양
나라와 국민을 위하는 것처럼 떠벌려 놓고는
자기들끼리 만나면 또 싸우고 편 가르기 하다가

먹을 것 있으면 귀신이 탄복할 만큼
못 먹을 것, 먹지 말아야 할 것 가리지 않고
덜컥 먹어 놓고는 그걸 또 들추어내면
탄압이라 떠드는 뻔뻔한 낯짝으로 열 받게 하는
저 지랄 같은 구케의원인지 수채의원인지
더럽고 치사한 것들 깨끗하게 쓸어버리고 갈아 치울
좋은 빗자루 어디에 없습니까.

어머니

"야야! 차 조심하고
밥 제때에 먹고 다녀라"

어머님 살아생전에
하루도 거르지 않고
내게 하셨던 말씀이다

나는 오늘도 무사하고
제때에 밥 먹었다
어머니의 말씀 덕분이다

고맙습니다 어머니
사랑합니다 어머니.

* 야야- 아이야! 홍구야! 하고 부르는 소리

어머니가 오신다면

일천만 명의 사람들이 모여 사는 복잡한 도시
서울 세종로의 사무실 8층 빌딩 옥상으로
벌과 나비가 꽃을 찾아왔다

따스한 햇살이 쏟아져 내렸지만
여기 이 높은 옥상에까지 찾아 올라와
저들이 만난 것은 작은 화분에 핀 꽃이었다

저승의 어머니도 분명 그렇게 오실 것이다
내가 고운 꽃이 되고 향기로운 꽃이 되는 그때.

어머니의 기도문

오직 한 가지뿐
간절하게 비는 한결같은 기도

그저 저 자슥* 하나 잘되기를
부처님께 비나이다 비나이다

관세음보살 나무아미타불
관세음보살 나무아미타불
관세음보살 나무아미타불.

* 자슥 = 자식

얼굴 없는 천사

꽃처럼 생겼을까, 별처럼 생겼을까
아기처럼 천진난만한 얼굴일까
아니면 정말 얼굴이 없는 천사일까

아니야 아니야 분명 아닐 거야!
작은 것 도와주고 크게 자랑하는
나 같은 놈 바로 가르치기 위해

국민의 믿음을 잃은 못난 정치꾼처럼
얼굴 내밀고 자랑만 하는 사람들에게
사랑은 그렇게 하는 것이 아니라고
가르쳐주기 위해 얼굴을 숨겼을 거야

넘어지려 할 때 살며시 손잡아주고
나도 모르게 어루만져주는 사랑으로
아름다운 세상을 만들어가려는 사람
그분은 분명 우리들의 천사일 거야!

오래전 그곳으로

어쩌면 내 고향은 여기서 너무 멀다
어머니에게 몸 받아 오기 전의 그곳
나중에 나 홀로 반드시 찾아가야 하는 곳

뫼비우스의 띠처럼 이어지는 그곳으로
이곳의 모든 허물 다 벗어놓고
가벼운 영혼으로 찾아가야 하리니

그리운 부모님이 계시고
날 사랑했던 옛날의 이쁜이도 있을,
먼저 간 친구들을 만나면 대폿집으로 초대하여
우리들 오랜 이야기에 밤을 잊을 것이다

오래전 그곳
적멸보궁寂滅寶宮에 들었다가
내 이곳의 인연들 생각이 나면
구름으로 빗방울로 바람으로 햇살로
아니 온 듯 무시로 다녀가리니.

우리는 부고장을 보내지 말자

친구야! 다정한 내 친구들아
부음訃音을 받으면 가슴이 철렁 무너지네

홀로 왔다가 홀로 가야만 하는 외로운 길
이미 몸 벗어놓고 떠나는 자네를 내가 만난들
아픔과 슬픔 말고 또 뭐가 있겠는가?
부디 외로워하지도 서운하게 생각하지도 말자

그냥 우리 그렇게 살다 홀연히 떠나가세
먼 훗날 바람으로 햇볕으로 봄비처럼 왔다가
인연이 되면 고운 꽃으로도 만날 수 있으리니.

* 부고(訃告). 訃音 = 사망통지(死亡通知)

우리들의 껍데기

옛날 어른들은 간혹 아버지를 껍데기로 불렀다
"너그 껍데기 계시냐?" 이렇게 불렀었다
눈물 나는 이 이야기를 영문도 모르고 들었었다

그랬을 것이다
왜 껍데기라 하지 않았겠는가?
애지중지하던 아들딸 보호해 주던 껍데기
더 두텁고 더 단단한 껍데기가 되었다가
자신의 알갱이 다 던져주고 얻은 위대한 이름
우리들의 아버지는 그렇게 껍데기로 사라져갔다
이 세상에서 가장 무섭고 든든하였던 아버지
껍데기로만 남아 우리를 지키던 볼품없던 늙은이
우리들의 껍데기 위대한 이름 아버지.

* 너그 = 네

울어야 할 때다

눈물을 펑펑 흘리고 나면 착해진다
웃음보다 귀한 눈물이다

우리 모두는 오랫동안 울지 못했다
이제 그만 싸우고 서로의 얼굴을 바라보자

뻔뻔하고 못난 모습 고치기 위해
서로가 엉엉 울어야 할 때다

착해진 얼굴 마주 보고 싶다.

위대한 품

시멘트 길바닥 틈새에서
작고 빨간 풀꽃이 피어 웃고 있다

고맙고 참으로 대견하구나

햇살과 비바람이 도와주었겠지만
그래도 꽃피워 웃을 수 있게 한 것은

널 보듬어 품어 주었던
척박한 땅 시멘트 바닥이었구나.

윤구병*

짧은 머리에 번뜩이는 총기와 선한 눈망울
칠순 노인인데 저렇게 당당하고 꿀림 없어 보인다
삿된 세상과 어디 한판 붙어보자는 투사를 닮았다
그럼에도 너무나 부드럽고 꾸밈없이 솔직하다
뻐드렁니를 훤히 드러내고 큰소리로 웃어 재낀다

왜 이렇게 재미있고 솔직하고 울림이 큰지 모르겠다
바보처럼 천진난만하게 웃고 있는 철학자 농부
눈을 뜨면 그저 고맙다는 큰절부터 시작한단다
머리와 두 팔과 두 다리를 땅바닥에 붙이고
해와 바람과 땅과 물에게 큰절을 올린다고 한다
하느님이 누구인지 부처가 무엇인지는 몰라도
세상의 모든 생명을 일으켜 살려주는 것에 대하여
큰절을 올리며 고마운 맘으로 살아간단다

말기 간암 판정을 받았지만 두려워 않는다
<인간 칠십 고래회>라며 징글맞게 오래 살았단다
전 재산을 내어놓고 빈손으로 떠날 자유를 꿈꾼다

이 사람 왜 이렇게 당당하고 가슴이 뜨거운가?
나도 호탕하게 웃어보고 그 맘을 따라 잡아본다.

* 충북대 철학과 교수를 등지고 변산에 내려가 농촌공동체를
  일군 농사꾼이다.

이준희*

모래판에서 벌어지는 전통무예 씨름은
힘과 기술과 꾀로 상대와 겨루어
무릎을 꿇게 하고 넘어뜨리면 이긴다

덩치 큰 선수를 뒤집기로 이기는 순간은
인생역전을 보는 듯 씨름의 짜릿함이다

많은 장사 중에 내가 제일 손꼽았던 장사
최고의 승률을 자랑하던 천하장사 이만기를 이기고도
그냥 싱긋이 웃고 말았던 그에게 기자가 인터뷰 했다
기쁘지 않으냐
왜 이만기 장사처럼 환호하지 않느냐고 물었다

그의 대답은 너무나 간단했고
패자의 아픔을 알기 때문이라 했다
수많은 장사의 이름은 잊혀가지만
그에게 붙여진 이름은 전설이 되었다

모래판의 신사.

* 제 5, 8, 13대 천하장사를 한 씨름선수

이상화* (꿈꾸던 애국시인)

식민지 시대 시인은 아프고 슬프다
지금은 남의 땅 – 빼앗긴 들에도 봄은 오는가?
이 엄중한 한마디를 던져놓고 꿈을 꾸었던 시인

몇몇 문인들과 3.1운동의 거사를 준비했건만
끝내 조국의 해방을 보지도 못한 채 눈을 감았다

일어나고 무너지고 흥하고 망하는 그 까닭은
옛날이나 지금이나 변함이 없는 것이겠지만
나라 잃은 백성은 누구의 백성이 되는가

오늘도 세월은 쉼 없이 흘러가고
어김없이 다가오고 물러가는 자연의 순환은
그때의 봄날을 지나 새로운 계절을 맞이했다

누군가의 손에 길들여지는 백성이 아니라
제 영혼의 주인으로 살아가는 꿈을 꾸었다

우리는 결코 노예의 백성이 아니라는 말씀이며
자유의 백성이 되어야 한다는 가르침을 남겼다.

* 이상화 (1901. 4. 5~1943. 4. 25) 애국시인
 호/무량(無量), 상화(尙火), 상화(想華), 백아(白啞)

이장희*

<나 그대에게 모두 드리리>, <그건 너>
<내 나이 육십하고 하나일 때>,
<나는 누구인가>까지
깊은 울림으로 많은 사랑을 받았던 가수
그가 약 30여 년 만에 만든 신곡은
<울릉도는 나의 천국>이다

<나는 누구인가>를 쓰면서
어떻게 살 것인가를 생각해보니
돈, 명예, 여자, 섹스, 마약, 술이 아니었다고 고백했다
탐했던 것 던져버리고 그냥 자연으로 돌아가자는 사람

자신이 살아있다는 걸 느끼게 해주는 자연의 품에서
따뜻한 햇살 아래 벌거벗고 개와 함께 걷기도 하고
콧노래 흥얼거리며 어깨를 흔들어가며 편하게 살잔다
기타 줄을 튕기고 노래하며 행복해하는 저 사나이
지금 내가 가장 닮고 싶은 첫 번째 인물이다.

* 자연예찬론자. 가수

이창년[*]

누구는 바람이라 하고
누구는 눈물이라 합니다
욕쟁이 형님!

참았던 눈물 쏟아지게 만드는
순수 99%의 바보 같은 사내

그의 전성기는
주머니 두둑한 사나이였고
술과 꽃향기에 취한 취객이었지만
이젠 별 볼 일 없는 늙은이입니다

그래도 아직 현역 시인이고
그를 보고 싶어 하는 사람
참 많습니다.

* 시인

임시 계약직

쓸 만한데도 구석에 처박힌 물건이 있다
제대로 한 번 쓰이지 못하고 녹슬어 간다

할 일은 많은데, 숙련된 일꾼인데
남아있는 에너지가 쓰레기처럼 버려진다

힘없는 것들은 밀려나고 있다
제자리에 있지 못하고
어디론가 다시 떠나야 하는 자리.

입춘

백성의 소리가 들리는구나
눈보라 치던 황량한 땅 헤치고
너 기어이 일어서서 오는구나

여리고 순한 네 더운 숨결이
꽁꽁 얼어붙은 대지를 녹이고
사랑의 숨결처럼 달려오는구나

이제부터 향기의 꽃을 피워라
상처 난 몸과 마음을 어루만져주고
만백성이 무리 지어 꽃 피게 하라

넘어진 사람들 일어서게 하여
다시 한번 더 꿈꾸게 하라.

자화상 自畵像

나는 내 모습을 그릴 수 없다
일흔이 넘어서야 알게 되었다

나와 다르지 않은 세상 사람들
오만가지 모습이 다 내 얼굴이다.

작은 고개, 큰 고개

동촌에서 시내로 들어서자면
아양교를 건너
작은 고개 큰 고개를 넘어야 했다

손수레에 능금상자 가득 싣고
칠성시장 난전으로 이끌던
어머니의 새벽 장삿길
그 뒤를 따라 손수레를 밀면서
신문 배달 나서던 중학 시절
나의 힘들었던 고갯길

오늘도 우리가 꼭 넘어서야 하는
다리 건너 작은 고개와 큰 고개.

* 동촌은 대구광역시 동구 시내 쪽에서 <아양교> 건너편을
  말한다. <아양교>를 건너 시내 쪽으로 작은 고개 큰 고개를
  넘으면 동트는 새벽시장에 도착했다.

잡초

흔한 놈이라 하여 함부로 말하지 말라
인연 따라 아무 곳에 발붙이고 살아도
아무렇게나 살아가는 이름은 아니다

무지렁이처럼 서로가 엉켜 있어도
더불어 살아가자 한 죄밖에 없으리라

하나 분명한 것은
누군가의 손에 길들여지고 가꾸어지는
온실 속의 화초가 아니라는 말이며
그러니 스스로 무릎 꿇고 머리 숙이는
부끄러운 백성이 아니라는 말이다

풀잎으로 밟히고 쓰러졌다가도
그 땅 짚고 일어설 줄 아는 무성한 잡초
제 영혼의 주인으로 살고자 목숨을 걸었다.

저승

우리는 모두 시한부 인생이다
때가 되면 다 가야 하는 목숨

마지막 숨 놓으면 바로 저승이다
고요하고 고요한데
살아있는 자만이 공연히 슬프다

거부할 수 없는 순간이 오면
조용한 미소로 숨 놓아버리자

내 몸이 흙이 되고 비바람 구름 되어
다시 우리 만날 수 있으리라.

전태일*

내 고향 대구에서 1948년 노동자의 맏아들로 태어났다
열일곱 살 때 청계천 평화시장에서 미싱 보조공으로
하루 14시간 일하고 커피 한 잔 값 일당을 받았다

이듬해 봉제공장으로 옮겨 재봉사가 되었고
스무 살 때 우연히 근로기준법의 존재를 알게 되어
평화시장 최초의 노동운동 조직인 '바보회'를 창립
동료들에게 노동조건의 부당성을 전하다 해직됐다

지켜지지 않는 근로기준법에 저항하며
'근로기준법 화형식'을 갖기로 했으나 무산되자
그날(1970년 11월 13일) 서울 평화시장 앞에서
스물두 살의 꽃다운 나이로 자신의 몸을 불살랐다

"우리는 기계가 아니다", "근로기준법을 준수하라"
그가 던진 마지막 절규 아직도 메아리친다.

* 미싱공, 노동운동가 (1948~1970.11.13)

정영해[*]

한국전쟁 이후 모두가 가난하던 시절
피란민들이 모여 사는 6.25촌이 생기고
고아원과 판잣집이 많았던 그때 그 시절
내 어린 시절을 함께한 동네 불알친구다

중·고등학교 시절에는 일찍부터 유도를 배워
우리가 남을 넘어뜨려 이기는 방법을 배울 때
그는 먼저 넘어지는 방법을 유도에서 배웠으니
다시 일어서 이기는 방법도 확실히 익혔을 것이다

50여 년 만에 고향 떠난 서울에서 다시 만났다
아직도 당당한 현역 사업가로 일을 하고 있다
언제 만나도 눈물 나게 반갑고 보고 싶은 얼굴
호탕하고 중후한 그 모습 가까이 있어 참 좋다.

* 삼원관광식품 대표, 충무로 만찬 식당 경영

지옥

2호선 전철 신당역에 내려 1번 출구로 나오면
중앙시장 가구단지로 들어가는 길이 있다
그 길로 오십 미터쯤 걸어가면
절망의 낭떠러지가 있었다

철창 우리 속에 살아있는 개를 가두어놓고
그 옆에는 잡은 개고기를 진열해두고
"개고기 팝니다"라는 팻말이 붙어있었다

벼랑 끝에 서서
죽음의 순서를 기다리는 개와 눈을 마주하였다
천길만길 그 가파른 절망의 낭떠러지 앞에
나를 서게 한다

피를 말리고 있는 목숨 살아있음이 지옥이다
나도 그날 그 지옥에 갇히고 말았다.

* 언젠가 다시 가봤더니 이제 개고기만 팔고 있었다.

차마 울지 못하네

태국 파타야
민속마을에 코끼리 쇼
누가 재미있다 했는가?

철없는 아이들과
생각 없는 구경꾼들 빼고는
모두가 안타까운 표정이다

큰 덩치에 작은 네 눈을 마주하면
다 하지 못한 말 읽을 수 있네
다 흘리지 못한 눈물 담겨있네

차마 울지 못하는 너
차마 웃지 못하는 나.

채송화

발뒤꿈치도 한 번 들지 않았었구나

몸 낮추어도
하늘은 온통 네게로 왔구나

울타리 하나 세우지 않고도
꽃밭을 일구었구나

올망졸망
어깨동무하고 사는구나.

최고의 맛

최고의 맛있는 음식은 메뉴에 있지 않습니다
음식을 어떻게 만드느냐에도 있지 않습니다

우리나라 으뜸 음식전문가의 멋진 말씀입니다

(사랑하는 당신을 위하여 만드는 음식입니다)

풀

비바람 아니었으면
무슨 힘으로 일어섰을까

오늘도
흔들리며
쓰러졌다가
다시 일어선다

푸른 몸
더 푸르게 푸르게.

하나 되는 길이더라

남한강과 북한강이 하나가 되는 곳이다
두 강물이 하나의 강물로 합쳐져서 흐른다

남한강 북한강이라는 이름을 떼어버리고
하나의 큰 강을 이루어 유유히 흐른다

동쪽으로 흐르고 서쪽으로 흔든들 어떠랴
함께 뭉쳐 하나로 흐르면 하나 되는 것이다

여러 갈래의 강물이 하나로 합하여 흐르면
분별없는 큰 강으로 온전히 하나 되는 것이다

경상도와 전라도가 하나의 맘으로 뭉쳐지고
북한의 동포와 남한의 동포가 함께 어울려
손잡고 함께하면 우리도 하나가 되는 것이다.

하늘로 흐르는 강

젖은 눈망울 저편으로
깊은 강이 흐르고
샛별 하나 빠져 있다

발목 적시며 들어서 보면
조약돌 같은 사연
지천으로 흐른다

얼마나 많은 시간이 흘러야
하늘에 이를까

별은 날마다 강으로 오고
강은 날마다 하늘로 오르고.

한승욱[*]

꽃 피는 고향의 야트막한 뒷동산은 북쪽에 있다

한국전쟁 1.4후퇴 때 흥남부두에서 남쪽에 왔다
작은 몸집에 백발을 하고 타관 객지 서울거리를
태연한 척 거니는 그 모습에는 외로움이 숨어 있다

함경도의 우렁찬 목소리 언제나 힘이 넘치고 정겹다
고향 흥남부두가 눈앞에 그려지고 외로울 테지만
잊히지 않는 고향을 추억하며 외로움 익힌다

최고의 예의는 격식이 없는 것이라 했었다
아래위 구분 없이 품고 어울리는 다정한 인연이다.

* 서울문학, 대한출판사를 경영하는 시조시인이다.

혼자 떠나는 여행

한 달에 서너 번 혼자 바람으로 떠난다

가까워도 좋고 멀어도 전혀 상관이 없다
주막이 있고 꽃밭이 있으면 그만이다

허기진 맘은 늘 식욕을 돋우고
오래전에 잊힌 그리움을 찾아다닌다

솟구치며 내달리는 바람을 그렇게 다스린다.

환생

장충단 공원 오른쪽 언덕배기
사명대사 동상이
뙤약볕에 홀로 서서 묵언 중입니다

그 동상 앞 맨바닥에 몸을 내려놓고
매미 한 마리 지금 공양 중입니다
한 무리 개미 떼에게 몸을 바치는 것이지요
아마 이 공양이 끝나고 나면
매미는 수백 마리 개미로 몸을 바꾸겠지요

햇살이 뜨겁게 쏟아지는 오후
그 폭염 속에 쭈그리고 앉아서
또 다른 환생의 꿈을 꾸었습니다

매미가 개미로 몸을 바꾸는 동안
내 몸은 우주에 가득 퍼져 있었습니다.

활화산

얼마를 더 품어주어야
너를 갈앉힐 수 있을까

얼마를 더 품고 있어야
나를 풀어줄 수 있을까

내 속 뜨거운 악마여.

시인 허홍구를 말한다

권천학
김기원
손영일
임솔내
이윤옥
김구부

시인 허홍구를 말한다
— 권 천 학*

비가 쏟아지는 날 천둥번개가 치면
지은 죄업 때문에 문밖출입을 삼간다는 남자
저놈 잡아라 하고 찾아올 여자들 때문에
TV에는 절대로 출연을 못 한다며 너스레를 떠는 남자

가슴이 펄펄 끓어서 찬물만 마신다 하고
속이 달아 설탕을 먹지 않는다 하고
단물만 빨아먹고 뱉는 것이 싫어
껌을 씹지 않는다는 사람

목욕할 때와 바람피울 때는
전화를 못 받는다며 예고하는 싱거운 사람
바람둥이라는 소문이 있는데도
그의 애인이 누구인지는 도무지 알 수가 없고
끊임없이 호감을 갖게 하는 중년남자
그는 늘 바람을 일으킨다

참치회는 좋아한다면서
접시 위에 꿈틀거리는 활어회를 보고는
불쌍해서 못 먹겠다는 맘 약한 남자
앞머리가 많이 빠지고 술을 좋아하는 시인
그의 선한 눈빛에
수많은 여자들이 빠져 죽었다.

* 캐나다 거주 시인

허홍구 시인
 — 김 기 원*

사람 좋다는 소문에 늘 어수룩한 모습
직장에서 정년퇴직하기 전까지는
편집국장 홍보국장이란 직책을 가졌었고
문단에서는 시인 수필가로 활동을 하고
<우리말살리는겨레모임>의 공동대표로
또 각종 연설문을 전문으로 작성해주고 지도하는
<한국연설연구회> 회장으로 활동하는 웅변가

그러나 정작 그가 자신을 소개하는 글을 찾아보면
–치켜들 깃발과 자랑스러운 발자취 없음–이라 하였다
그렇다 그렇게 자신을 낮추는 게 바로 허홍구다

"발뒤꿈치도 한 번 들지 않았었구나
몸 낮추어도 하늘은 온통 네게로 왔구나
울타리 하나 세우지 않고도 꽃밭을 일구었구나
올망졸망 어깨동무하고 사는구나"
이게 또 허홍구이며 그의 시 <채송화>다.

* 시인, 진주 거주

친구 허홍구
― 손 영 일*

들어서기만 하면 신선한 공기와 넉넉한 공간으로
나의 가슴을 활짝 열게 해주는 공원길처럼―

오르기만 하면 탁 트인 시야와 아름다운 절경으로
나의 눈을 즐겁게 해주는 산꼭대기처럼―

언제나 말은 없어도 볼 때마다
싱긋 웃음이 절로 나는 명승지 입구의 장승처럼―
항상 그렇게 다가오고 그렇게 서 있는 친구

청년시절의 모임 <가진 힘을―나라 위해―바치리다―>
<가나바>의 이름으로 만나 50여 년의 세월이 흘렀다

경로우대증을 받아들고도 변함없이 식지 않은 가슴
아직도 우리들은 불꽃처럼 살아가는 영원한 동지.

* (주)한트라 대표이사

허홍구 시인
— 임 솔 내*

"여자 홀리는 데 날쌘 친구가 있었다
우리들은 그를 총알이라 불렀다
총알이 점찍어 둔 여자를 내가 낚아챈 이후로부터는
친구들은 나를 번개라 불렀다"
<빠르다>라는 허홍구 시인의 시다
여자 홀리는 데 과히 프로급인 모양이다

부드럽고 묵직한 바리톤의 저 목소리는 위험하다
눈웃음은 또 왜 그렇게 자주 치는지 번개같이 빠르게
조심하자 조심해야지 하면서도 하마터면 넘어 지겠다

꽃을 너무 많이 꺾어 늘 아프다는 시인
무엇이 그를 저토록 당당하고 재미있게 만들었을까
내가 알고 있는 시인 중에 맘이 참 곱고 착한 시인이
지만
그래도 여성들은 늘 조심하지 않으면 위험한 늑대.

* 시인

내가 아는 시인 허홍구
― 이 윤 옥*

시인과 시인의 시는 참 편안하다
읽으면 재미있고 눈물 나고 울림이 있다

광화문의 오래된 식당 허름한 <삼례집>에서
막걸리 마시면서도 행복해하는 모습 참 소박하다

한 번도 찡그리지 않고 늘 웃는 그 모습
꼭 경주 남산에 미소 짓는 천년부처를 닮았다

빙그레 웃는 얼굴 누구에게나 편안하고 위안이 된다.

* 시인, 한일문화어울린연구소장

시인 허홍구
― 김 구 부*

노래도 못 하고 춤도 못 추는 맹탕인데
잡기라고는 거침없는 진한 농담뿐이고
사랑 말고는 할 줄 아는 것이 없다는 시인이다

폭넓은 활동으로 많은 사람을 알고 있지만
그럼에도 그는 끊임없이 사람을 찾아다닌다

본받고 싶은 사람, 들꽃처럼 향기 나는 사람
화제가 되었던 특별한 인물을 만나기 위해서다

돈 많고 지위 높은 사람들보다도 야생화 같은
혹은 절망에서 우뚝 일어선 사람들을 찾아다닌다

그의 재산은 높낮이 없는 폭넓은 인간관계이지만
그가 사랑하고 받드는 것은 돈과 권력이 아니라
뭉클한 눈물이며 상처를 어루만지는 사랑이리라.

* 시인

덧붙이는 글

발표하지 않은 시 일흔여섯 편을 컴퓨터에 보관하다가
흔적을 모두 지워버리고 저장창고 USB에 담았는데
새 시집을 준비하던 중 보관 중인 USB를 그만 잃어버렸다.

허무한 맘! 아무리 되살려보려 해도 점점 더 캄캄해졌다.

오래전 우리말살리는겨레모임을 이끌었던 아동문학가
이오덕 선생님께서는 생전에 "나는 시를 <말꽃>이라
부르고 싶다"는 말씀을 하셨다.

선생의 말씀 따라 나는 <말꽃> 묶음을 만들기로 했다.
이미 독자들에게 잘 알려진 작품과 쉽고 공감하는 작품
그리고 나를 말한 가까운 문우들의 글도 덧붙였다.

– 부끄러운 발걸음에도 사랑하는 영혼은 행복하다 –

허 홍 구

- **시집**
  『사랑 하나에 지옥 하나』
  『네 눈으로 나를 본다』
  『내 니 마음 다 안다』
  『사람에 취하여』(인물시집)
  『그 사람을 읽다』(인물시집)
  『시로 그린 인물화』(인물시집)
  『나를 물들이다』(인물시집)
  『잡초』
  『사랑하는 영혼은 행복합니다』

- **수필집**
  『손을 아니 잡아도 팔이 저려옵니다』

- **편저**
  『회의진행법 강의』

- 한국시인협회, 서울시인협회 회원
  국제펜클럽한국본부 자문위원
  우리말살리는겨레모임 공동대표
  한글연설연구회 이끔이로 활동해왔음

- 03187 서울광화문우체국 사서함 1075호
  (한국연설연구회)
  Tel. 010-9700-0999
  전자우편 : poet-0999@naver.com

허홍구의 말꽃 묶음

사랑하는 영혼은 행복합니다

인쇄 | 2019년 7월 1일
발행 | 2019년 7월 5일

글쓴이 | 허홍구
펴낸이 | 장호병
펴낸곳 | 북랜드
06252 서울 강남구 강남대로 320 황화빌딩 1108호
대표전화 (02) 732-4574 | (053) 252-9114
팩시밀리 (02) 734-4574 | (053) 252-9334

등록일 | 1999년 11월 11일
등록번호 | 제13-615호
홈페이지 | www.bookland.co.kr
이-메일 | bookland@hanmail.net

책임편집 | 김인옥
교　열 | 배성숙 전은경

ⓒ 허홍구, 2019, Printed in Korea
저자와의 협의하에 인지를 생략합니다.

ISBN 978-89-7787-874-7　03810
ISBN 978-89-7787-875-4　05810 (E-book)

값 10,000원